BEI GRIN MACHT SICH IHR WISSEN BEZAHLT

- Wir veröffentlichen Ihre Hausarbeit, Bachelor- und Masterarbeit

- Ihr eigenes eBook und Buch - weltweit in allen wichtigen Shops

- Verdienen Sie an jedem Verkauf

Jetzt bei www.GRIN.com hochladen und kostenlos publizieren

Bibliografische Information der Deutschen Nationalbibliothek:

Die Deutsche Bibliothek verzeichnet diese Publikation in der Deutschen National-bibliografie; detaillierte bibliografische Daten sind im Internet über http://dnb.d-nb.de/ abrufbar.

Impressum:

Copyright © 2014 GRIN Verlag, Open Publishing GmbH
Druck und Bindung: Books on Demand GmbH, Norderstedt Germany
ISBN: 9783668242036

Dieses Buch bei GRIN:

http://www.grin.com/de/e-book/334014/kommunikation-und-konfliktloesung-ein-seminartagebuch

Alina Willkomm

Kommunikation und Konfliktlösung. Ein Seminartage-buch

GRIN Verlag

GRIN - Your knowledge has value

Der GRIN Verlag publiziert seit 1998 wissenschaftliche Arbeiten von Studenten, Hochschullehrern und anderen Akademikern als eBook und gedrucktes Buch. Die Verlagswebsite www.grin.com ist die ideale Plattform zur Veröffentlichung von Hausarbeiten, Abschlussarbeiten, wissenschaftlichen Aufsätzen, Dissertationen und Fachbüchern.

Besuchen Sie uns im Internet:

http://www.grin.com/

http://www.facebook.com/grincom

http://www.twitter.com/grin_com

Inhaltsverzeichnis

0. Einleitung

Ich besuchte das Seminar "Kommunikation und Konfliktlösung" im Sommersemester 2014, dienstags von 12.00 - 13.30 Uhr.

Es fanden insgesamt 12 Sitzungen statt, jedoch fielen zwei Sitzung in der Regelzeit aus und wurden als Doppelsitzung (Sitzung 6 und 7) an einem Samstag nachgeholt.

In diesem Portfolio werde ich die Inhalte der Sitzungen aufführen und auch meinen persönlichen Eindruck zu ihrer Relevanz in meinem späteren Lehrberuf beschreiben. Dazu gehört eine detaillierte Methodenbeschreibung, sowie eine gründliche Reflexion meinerseits.

In den verschiedenen Sitzungen ging es nicht nur um rein theoretische Kommunikationsformen und Anwendungstechniken, sondern auch darum die Theorien direkt anzuwenden. Dies fand meistens in Partner- oder Gruppenarbeiten statt.

Am 13.05.2014 und 08.07.2014 war ich nicht anwesend, weshalb die Portfolio- Einträge etwas kürzer ausfallen.

1. Kontrakt (08.04.2014)

In der ersten Sitzung des Seminars "Kommunikation und Konfliktlösung" am 08.04.2014 lernten wir zuerst uns als Gruppe und Einzelperson, sowie die Dozentin kennen. Dazu sollte sich jeder kurz namentlich, mit seiner Fächerkombination und mit seinen Erwartungen an das Seminar vorstellen. Dabei wünschte sich die Mehrheit, dass wir nun weg von der Theorie und rein in die Anwendung kommen und endlich Dinge lernen, die uns in unserem späteren Schulalltag gezielt helfen. Eher zufällig kam direkt im Anschluss das Thema „Lehrergehälter" auf. Wer verdient nun was? Verdienen Grundschullehrer weiterhin weniger als Gymnasiallehrer? Die Dozentin klärte uns auf: Die Gehälter sollen schulformunabhängig angeglichen werden.

Im Anschluss teilte unsere Dozentin uns einen schriftlichen Kontrakt mit Richtlinien für das Seminar aus. Inhaltlich ging es in dem Vertrag um das Konzept und die Rahmenbedingungen des Seminars, was die Dozentin von uns erwartet wenn wir 2 LP oder 4 LP erreichen wollen und ihre Erwartungen an uns als Seminarteilnehmer. Bis zur nächsten Sitzung bekamen wir Zeit uns den Kontrakt gründlich durch den Kopf gehen zu lassen und ihn dann zur nächsten Sitzung unterschrieben wieder mitzubringen.

Den schriftlich festgehaltenen Kontrakt empfinde ich als positiv. Durch die Unterschrift stimmen alle Seminarteilnehmer freiwillig dem Kontrakt zu und das gibt einem das Gefühl persönlich eine Mitverantwortung für das Einhalten des Kontraktes zu haben. Auch in der Schule kann man diese Methode anwenden. Man kann mit den Schülern zusammen eine Richtlinie festhalten, gemischt mit dem vorgeschriebenen Lehrplan und den Themenwünschen der Schüler. Dies würde die Schüler anregen, mehr mitzuarbeiten, da sie selber Verantwortung für ihre Vorschläge tragen und sich besser mit ihrem eigenen Vorschlägen identifizieren werden.

Aus der ersten Sitzung nehme ich mit, dass mein erster Eindruck sehr positiv ist. Da wir alle fast einstimmig der Meinung waren endlich Dinge zu lernen, die wir wirklich in unserem späteren Beruf brauchen, wird das wohl hoffentlich auch der Fall sein. Ansonsten haben wir eher organisatorische Dinge besprochen, da es die erste gemeinsame Stunde war und es seine Zeit gedauert hat, die Teilnehmerliste fertig zu stellen.

Abschließend gab es noch eine Leitfrage für all unsere folgenden Portfolioeinträge:

Grundfrage für jeden Eintrag: Was nehme ich für mich mit aus dieser Sitzung? Unterschiede markieren! Was ist neu/anders?

2. Soziometrie (29.04.2014)

Zu Beginn der zweiten Veranstaltung fragte uns die Dozentin, ob es noch offene Fragen oder Unklarheiten zu dem in der Stunde zuvor ausgeteilten Vertrag zur Verschwiegenheit gäbe. Nachdem diese dann geklärt wurden begann der Vortrag eines Kommilitonen von seinem ersten Portfolioeintrag, welcher sehr detailliert und scheinbar gut geschrieben war. Im Abschluss gab es sowohl Kritik, als auch Lob, wobei uns die Dozentin riet, wir sollen nicht direkt bewerten sondern neutral Feedback geben. Außerdem riet sie uns, die Lehrerperspektive beim Schreiben unseres Portfolios nicht zu vernachlässigen. Anschließend verirrte sich der Kurs in einer schier endlosen Diskussion über die Frage: Soll man Kritik an den Schülern als Lehrer hart äußern? Die Diskussion wurde sehr kontrovers, aber dennoch respektvoll und ruhig. Das Problem, weshalb die Diskussion kein Ende zu nehmen schien war meiner Meinung nach, dass Kurs und Dozentin in ihrer Meinung nicht übereinstimmten. Als aber die Dozentin mit den Worten: Hart in der Sache, freundlich zu den Menschen endete beendeten wir die Diskussion.

Im Anschluss daran folgte die Methode „Soziometrie", die die Dozentin mit uns einführte. Bei dieser Übung würde ein Koordinatenkreuz mithilfe von vier Bambusstöcken auf den Boden ausgebreitet, sodass vier Bereiche entstanden, in die wir Teilnehmen uns platzieren konnten. Nun stellte die Dozentin und einige Fragen, wie zum Beispiel:

1. In welchem Studiengang studieren Sie?
2. Welche Fächer studieren Sie?
3. Aus welchem Teil Kölns (an den Himmelrichtungen betrachtet) kommen Sie?
4. Aus welchem Teil NRWs kommen Sie?
5. Haben Sie schon eine Ausbildung vor dem Studium absolviert?
6. Haben Sie einen Nebenjob im sozialen/wirtschaftlichen Bereich, gar keinen, oder in einem anderen Bereich?
7. In welchem Semester sind Sie zurzeit?

Dazu sollten wir uns je nach unserer persönlichen Antwort in eine der Himmelrichtungen einordnen. Anschließend konnten wir, meist alle, eine Stellungnahme zu unserer Einordung abgeben

Diese Übung stellte zu Beginn schon deutlich heraus, wer Gemeinsamkeiten hat und wo Unterschiede sind. Es diente nicht nur dem Kennenlernen einer fremden Gruppe untereinander, sondern auch die Dozentin konnte sich einen guten Eindruck von der Gruppe machen.

Die Soziometrie-Übung eignet sich hervorragend für eine 5. Klasse, wo sich die Schüler kaum, bis gar nicht untereinander kennen. Es wird den Schülern und mir als Lehrperson helfen einen ersten Eindruck von der neuen Gruppe zu bekommen. Jedoch sollte durch die Gruppenbildung in den Koordinatenkreuzen darauf geachtet werden, dass sich niemand isoliert fühlt, sondern alle weiterhin eine Gemeinschaft sind und vielleicht viele Gemeinsamkeiten mit unterschiedlichen Mitschülern haben, wovon sie bisher nichts wussten. Es soll den Gemeinschaftssinn stärken und nicht eine Ausgrenzung begünstigen. Dies verhindert man meines Erachtens durch eine gut überlegte Fragenanleitung. Man muss Fragen wählen, die eher oberflächlicher Natur sind und zu dem es viele Möglichkeiten gibt sich zuzuordnen. Beispielsweise Sportarten und Hobbys eignen sich wesentlich besser als Musikrichtungen, da dies ein eher kontroverses Thema ist, falls beispielsweise jemand Gothic oder Metal hört, werden die meisten Schüler das eher als abschreckend empfinden.

3. Positives Spekulieren (06.05.2014)

Wie zu Beginn jeder Sitzung begann die Dozentin mit der Kontrolle der Anwesenheit. Hierbei nimmt sie sich immer etwas mehr Zeit, als ich es in anderen Kursen gewohnt bin, da sie sehr viel Wert darauf legt sich unsere Vornamen einzuprägen. Dazu schaut sie uns immer einige Sekunden lang an, nachdem wir unsere Hand bei unserem Namen gehoben haben. Das finde ich nicht nur für mich selbst, sondern auch für die Allgemeinheit sehr schön, da man sich auch so die Namen seiner Mitstudenten mitmerken kann und nicht immer nur, wenn überhaupt, weiß wie jemand mit Nachnamen heißt.

Nachdem der stündliche Portfolioeintrag vorgetragen wurde, kam die Frage nach der Genauigkeit der Portfolioeinträge für 4 CP auf. Folgende Richtlinien gab die Dozentin uns:

- Ausführliche Portfolioeiträge und eine zusätzliche Ausarbeitung über 5-6 Seiten ODER
- Sehr ausführliche Wocheneinträge, die
  a) Beschreibung der Methode
  b) Persönliches Erleben/Empfinden und persönlichen Lernzuwachs und
  c) Transfer, Anwendung als Lehrer
  beinhalten.

Weiter teilte uns die Dozentin ein Arbeitsblatt mit dem Titel „Der Hals der Giraffe" von Judith Schalansky aus. Selbiges sollten wir uns durchlesen. Es geht um eine Lehrerin, die sich ihre Schüler anhand einiger objektiver negativer Äußerlichkeiten in einem Sitzplan notiert. Ein Beispiel:

Annika. **Brauner Zopf, langweiliges Gesicht. Überambitioniert. Freudlos und bienenfleißig. Vortragsgeil. Klassensprecherin seit ihrer Geburt. Anstrengend.**

Als wir im Plenum darüber sprachen, waren wir uns einig, dass es witzig zu lesen ist, jedoch für keinen von uns später infrage kommt sowas von unseren Schülern anzufertigen. Man sollte in jedem Menschen das positive sehen und nicht ein negativ behaftetes Urteil fällen. Damit zeigte uns die Dozentin was man unter „Negativem Spekulieren" versteht.

Im Anschluss begannen wir mit dem „Positiven Spekulieren" nach Gunther Schmidt. Dazu teilten wir uns in 4er Gruppen ein, möglichst mit unbekannten Mitgliedern. Ohne den gegenüber zu kennen, sollten wir ein positives Urteil anhand folgender Leitlinie über ihn fällen:

„Wenn ich Dich so anschaue, bekomme ich den Eindruck..."

„Du kannst zu unserer gelingenden Kooperation bestimmt in...Weise die Qualitäten XYZ beitragen..."

5

Die Eindrücke hat jeder von einem seiner Gruppenmitglieder mitgeschrieben, da sich der Betroffene auf sein Feedback konzentrieren sollte und nicht auf das Mitschreiben.

Durch diese Übung habe ich erfahren, wie ich auf andere wirke. Das war ein interessantes Experiment, da meine Kommilitonen mehrmals ziemlich falsch lagen, da sie mich u. a. für sehr eifrig und zielstrebig hielten.

Die Umsetzung dieser Methode sehe ich im Schulkontext etwas kritisch. Einerseits ist es schön, wenn man wirklich positives Feedback über sich selbst bekommt, aber andererseits empfindet nicht jeder dasselbe als positiv. Das ich für sehr eifrig gehalten werde finde ich auch eher negativ, obwohl meine Gruppenmitglieder diese Erkenntnis einstimmig für positiv empfunden haben. Außerdem kommt es, gerade in der Pubertät, bei solchen Experimenten zu emotionalen Verletzungen, da sich nicht jeder daran halten wird etwas positives zu sagen. Ich finde es sehr interessant und will die Erfahrung dieser Methode nicht missen, aber momentan stelle ich für mich fest, dass ich es im späteren Berufsleben nicht anwenden werde.

4. Seerosenmodell (13.05.2014/Fehltermin)

An dieser Stunde habe ich leider nicht teilgenommen, deswegen fällt mein Portfolioeintrag hier etwas kürzer aus.

Inhaltlich ging es um „Verhalten erkennen und einordnen" nach Gellert und Nowak. Dazu bekamen wir ein Arbeitsblatt auf dem das „Seerosenmodell" eingeführt wurde. Das Seerosenmodell symbolisiert drei Ebenen der menschlichen Persönlichkeit:

1. Verhalten = Seerosenblatt
2. Haltungen, Einstellungen = Stengel
3. Werte, Normen, Frühe Prägungen = Wurzel

Das Seerosenblatt symbolisiert das Verhalten, welches durch verschiedene äußere Einflüsse veränderbar ist und sich in verschiedene Richtungen entwickeln kann. Diese Beweglichkeit wird aber durch das was unter dem Wasser liegt eingeschränkt. Das was unter der Oberfläche liegt ist schwer veränderbar.

Der Stengel steht für die Haltungen und Einstellungen, wie Teamgeist oder Skepsis. Diese können jedoch variieren, dies aber eingeschränkt da sie im Erdboden mit der Wurzel verbunden ist. Der Stengel sowie die Einstellungen und Haltungen eines Menschen liegen bereits unter der Oberfläche weshalb es Genauigkeit braucht, sie zutage zu fördern. Der Betreffende hält auch manchmal etwas ganz bewusst „unter Verschluss" und zeigt es nur unter angepasstem Verhalten der Außenwelt.

Die Wurzel steht für alles fest in der Persönlichkeit verankerte: Werte, Normen und Frühe Prägungen. Diese drei Faktoren bedingen unsere Persönlichkeitsentwicklung und sind ein fester Bestandteil dieser.

Aufgrund des in der folgenden Stunde vorgetragen Portfolios erfuhr ich, dass es weiter um die Beschreibung von Fotos ging, wodurch die objektive Wahrnehmung eingeführt wurde und dass man als Lehrer nur auf das Verhalten des Schülers eingehen soll und den Schülern nicht sagen, was sie lassen, sondern was sie tun sollen.

Das Seerosenmodell finde ich sehr geeignet als Hintergrundinformation für eine Lehrkraft. Behält man sich die dort genannten Informationen im Hinterkopf, kann man viel besser auf bestimmte Verhaltensweisen der Schüler reagieren und auch das Verhalten nachvollziehen. Gerade wenn man weiß aus welcher kulturellen oder finanziellen Umgebung sein Schüler kommt wird einem einiges beim Verhalten des Schülers deutlich.

Den Schülern konkret zu sagen was sie tun sollen finde ich auch sehr gut. Dieser Tipp erinnert mich an etwas was ich in Beurteilen I gelernt habe. Kindern soll man auch nur mit positiver Verstärkung begegnen, da sie nachgewiesen der Entwicklung positiver zugute kommt als negative Verstärkung oder einer Mischung beider Verstärkungen. Das heißt Konkret: Lob hilft mehr als Kritik. Macht ein Kind etwas falsch, soll man nicht schimpfen, da dies negative Verstärkung wäre. Macht ein Kind hingegen etwas gut soll man es Loben = positive Verstärkung. Schülern sagen was sie tun sollen ist auch positive Verstärkung und weitaus effektiver als negative Verstärkung: Ihnen zu sagen was sie lassen sollen.

5. Namensspiel, Denkmal nach Rogers, Experiment aktives Zuhören (20.05.2014)

Zu Beginn der 5. Sitzung erklärte die Dozentin uns, dass wir nach der Stunde kurz zu ihr kommen sollen, wenn wir zu spät erscheinen um uns nachzumelden und nicht direkt wenn wir verspätet in den Raum kommen. Diese Idee fand ich sehr gut, da es den Fluss des Seminars stört, wenn jemand zu spät kommt und dann noch direkt versucht seine Anwesenheit nachtragen zu lassen.

Die Dozentin sagte einen Satz, den ich mir in meinen Aufzeichnungen notiert habe: Wir sind nie eindeutig mit unseren Sendungen. Dieser Satz war wohl wichtig für mich, da er in keinem

Kontext aufgeführt ist, sondern separat eingeschoben notiert ist. In meinem späteren Beruf werde ich mir diesen Satz immer wieder vor Augen halten, da er für mich von wichtiger Bedeutung ist. Dieser Satz hilft einem selbst besser zu agieren, beispielsweise in Konfliktsituationen zwischen Schülern. Vielleicht war etwas Gesagtes gar nicht so gemeint, da niemand eindeutig mit seinen Sendungen ist.

Um eine persönlichere und angenehmere Lernatmosphäre zu schaffen, begannen wir nun mit dem Namensspiel. Hierzu stellten wir uns in einen großen Kreis. Die Dozentin hatte ein kleines Säckchen in der Hand und meinte, dass jeder der das Säckchen fängt nur seinen Vornamen nennt und das Säckchen dann weiter wirft. Nachdem jeder 1-2x damit dran war, hoben wir das Spiel auf Stufe 2. Nun sollte jeder den Namen desjenigen aufrufen, dem er den Ball zuwirft. Nach einiger Zeit meinte die Dozentin dann, dass wir am kommenden Samstag, in der Doppelstunde, das Spiel noch auf Stufe 3 heben werden. Das bedeutet, wir werden den Namen desjenigen sagen, dem wir dann den Ball zuwerfen werden.

Anschließend beschäftigen wir uns nochmals vertiefend mit der "Personenzentrierten Gesprächsführung" von Carl Rogers. Zur Übung und Vertiefung von Rogers Grundhaltungen, war es die Aufgabe für Rogers ein "Denkmal" zu bauen. In Fünfer- Gruppen sollten jeweils zwei Teilnehmer den Klienten und Berater darstellen sowie drei Personen die "Akzeptanz", "Empathie", und "Kongruenz". Da ich in der vorigen Sitzung nicht anwesend war, war es meine Aufgabe alle Gruppenergebnisse zu dokumentieren. Die Gruppen hatten zunächst etwas Zeit den Text noch einmal zu prüfen um die Positionen und deren Beziehungen zueinander zu organisieren.

Nun kamen wir zu dem Arbeitsblatt „Personenzentrierte Gesprächsführung" von Carl Rogers. Rogers starb vor der Verleihung seines Friedensnobelpreises. Inhaltlich ging es darum, dass die kein positives Selbstkonzept erlebt haben, sich von Menschen ihrer Innenwelt entfremden. Dies nennt sich destruktives Verhalten. Im Lehrer-Schüler-Verhältnis hieße das: Ich, der Lehrer, akzeptiere dich, den Schüler, aber du hast zu lernen. Akzeptanz führt zur Besserung des Menschen. Der Dozentin war hier sehr wichtig hervorzuheben, dass Rogers kein sogenannter „Kuschelpädagoge" war.

Rogers spricht in seinen Arbeiten von 3 zentralen Elementen der „Personenzentrierten Gesprächsführung". Das erste Element ist die Kongruenz. Kongruent sein bedeutet „echt sein", authentisch. Nur ein authentischer Mensch (Berater) kann eine Beziehung zu einem Klienten aufbauen, da zu dem Aufbau einer Beziehung Vertrauen gehört. Schenkt der Berater seinem Klienten dieses Vertrauen, kann eine Beziehung entstehen. Ein Lehrer sollte Kongruenz ausstrahlen.

Das zweite Element ist die Empathie. Empathie bedeutet Mitgefühl. Der Berater muss sich in seinen Klienten hineinversetzen können, aber auf eine sanfte und einfühlsame Weise.

Das dritte und letzte Element nach Roger ist die Akzeptanz. Jeder Mensch ist anders und das muss der Berater akzeptieren. Vorurteile und Vorbehalte sind hier völlig fehl am Platz. Akzeptiert der Berater seinen Klienten und täuscht seine Akzeptanz nicht nur vor, kann er ihm beratend zur Seite stehen und ihn zu einer positiven Einstellung verhelfen.

Nach dieser theoretischen Einführung bat uns die Dozentin im Plenum um die Anfertigung eines Schaubildes. Ein Freiwilliger soll die Rolle des Konstrukteurs übernehmen und die Kongruenz, Akzeptanz und Empathie sowie den Berater und den Klient in einem Schaubild in der Mitte der Gruppe mithilfe von fünf weiteren freiwilligen Kommilitonen darstellen. Rachel traute sich schnell und begann mit der Umsetzung ihrer Idee. Im ersten Schritt sollte der Klient zu dem Berater. Die Empathie nahm die Kongruenz sitzend in den Arm und die Akzeptanz legte beiden die Hand auf die Schultern. Nun folgt eine Darstellung aus Paint, in der ich das Schaubild einmal eingezeichnet habe:

Akzeptanz = grün

Empathie = rosa

Kongruenz = orange

Klient = blau

Berater = schwarz

Wir fanden die Darstellung des Schaubildes alle sehr gelungen.

Zum Stundenende begannen wir mit einer Übung zu aktiven Zuhören. Jedoch warnte die Dozentin uns aufgrund der wenigen Restzeit vor, dass sie das Experiment offen legen werde und es somit seinen Experimente-Charakter verlieren wird. In Zweiergruppen sollte einer sprechen und der andere Zuhören. Beim Schließen des Fensters soll der Zuhörer offensichtlich nicht mehr zuhören, durch Zwischenfragen, in die Luft gucken und einem Blick auf die Uhr.

Das Namensspiel ist sehr gut geeignet um sich selbst schnell neue Namen einer Gruppe einzuprägen. Sie ist sowohl sinnvoll für die Schüler untereinander, als auch für den Lehrer, der sich so viel schneller die Namen seiner neuen Klasse merken kann. Diese Übung nehme ich auf jeden Fall in mein späteres Berufsleben mit.

Das Denkmal nach Rogers fand ich sehr kreativ. Bilder bleiben einem besser im Kopf als Gesagtes, weshalb ich es auch in der Schule anwenden würde. Die Schüler hätten auch sicherlich Spaß an einer kreative Übung und werden dadurch auch mal aus ihrer Komfortzone gelockt und wagen etwas Neues. Jedoch sollte man mit Berührungen, wie es in unserem Standbild war vorsichtig sein. Sowas wird den Schülern schnell unangenehm und sie fänden die ganze Übung überflüssig und albern. Genaue Regeln, wie z.B. kein enger Körperkontakt sollte die Klasse vorher aufstellen.

Die Übung „aktives Zuhören" ist durch die Offenlegung des Clou „Fenster schließen = nicht mehr Zuhören" leider bei mir gar nicht angekommen. Ich war diejenige die Gesprochen hat und habe mich deswegen nur künstlich unwohl gefühlt, weil mein Verstand sagte: Nun solltest du dich unwohl fühlen, nicht weil ich es wirklich tat. Hier kam uns leider der Zeitmangel dazwischen, weswegen ich mir nur vorstellen kann, dass das Experiment ohne die Ankündigung des Clou natürlich weitaus sinnvoller gewesen wäre. Schade, ich hätte gerne das „richtige" Experiment durchgeführt. Vielleicht werde ich das später mit meinen Schülern einmal machen.

6. Doppelsitzung, 1. Teil: Namensspiel, Fallbearbeitung (24.05.2014)

Zu Beginn der Doppelsitzung wiederholten wir, anhand der Blitzlichtmethode den Inhalt der vorigen Stunde. Jeder sollte reihum einen Satz dazu sagen. Besonders häufig wurde die Anfertigung des Denkmals genannt, da dies den meisten im Kopf geblieben ist.

Anschließend spielten wir, wie angekündigt, das Namensspiel auf Stufe 3. Jeder musste den Namen desjenigen nennen, dem er den Ball zuwerfen wird. Dies funktionierte erstaunlich gut und fehlerfrei.

Nun begann die Einführung in das Thema „Konfliktlösung". Die Dozentin erklärte uns, dass alle vorangegangenen Themen nur als Einführung in dieses Thema dienten. In Bezug zum Classroom-Management teilte die Dozentin uns ein Arbeitsblatt aus auf denen wir folgende Fragen zur Selbstevaluierung beantworten sollten:

1. Welche Assoziationen zum Thema „Konflikt"?
2. Wie gehe ich gewöhnlich mit Konflikten um? Nach welchem Muster?
3. Mit welchen Ergebnis?
4. Welche positiven Aspekte hat mein üblicher Umgang mit Konflikten?
5. Wie will ich in Zukunft vorgehen, auf was will ich achten, mit was will ich experimentieren, wenn ich in einer Konfliktsituation bin?

Nachdem jeder diese Fragen schriftlich für sich beantwortet hat, trafen wir uns in Triaden, um uns dort über unsere Antworten auszutauschen. Hierbei fand meine Gruppe heraus, dass wir sehr ähnlich mit Konflikten umgehen. In engen persönlichen Konflikten sind wir eher offensiv, da wir keine Angst haben unseren Konfliktpartner zu verärgern, in Konflikten im unpersönlichem Umfeld, wie z.B. im Job, verhalten wir uns eher passiv und achten sehr genau auf unsere Wortwahl um den Gegenüber nicht zu verärgern. Als wir alle unsere Ergebnisse im Plenum vortrugen, bekam das Thema einen allgemeineren Einfluss. Wir kamen auf folgende Konflikte, die uns im späteren Berufsleben widerfahren können:

1. Elternkonflikt
2. Frauen (weibliche Lehrerinnen) bei Gewalt in der Schule
3. Kollegiale Konflikte (Hierarchie)
4. Misshandlung von Schülern (Kindeswohlgefährdung)

Als Zwischenthema dazu kam dann der „Faule Frieden" auf und wir suchten nach Begründungen den Konflikten aus dem Weg zu gehen. Dabei kamen wir auf die Floskel „Um des lieben Friedens willen". Eine Kommilitonin nannte ein Beispiel aus ihrem Privatleben: Sie akzeptiert, dass ihr Nachbar im Treppenhaus raucht, obwohl sie das sehr stört, da ihre Kinder manchmal Lärm im Treppenhaus machen, was die anderen Nachbarn stört.

Abschließend zu dieser Stunde sprachen wir noch über das Thema „Burn-Out im Lehrerberuf". Das Burn-Out ist eine Folge ungelöster Konflikte. Geht man offen mit Konflikten um, verhindert man dies. Man darf nicht in die Opferrolle fallen und soll sich Unterstützung von Kollegen holen. – Konflikte sind da, um gelöst zu werden –

Das Namensspiel auf Stufe 3 hat wirklich gut funktioniert. Dadurch, dass die Abstände der Namensspiele so kurz hintereinander kamen und die Schwierigkeitsgrade erhöht wurden habe ich alle Namen behalten können. Namensspiele halte ich generell für eine gute Idee in der Schulklasse und auch in anderen gruppenbezogenen Kontexten.

Bei dem Brainstorming zum Thema „Konflikt" habe ich selbst zum ersten Mal wirklich über mein Konfliktverhalten nachgedacht. Dabei muss ich sagen, dass ich mein doch eher impulsives Verhalten ändern will, da dies im Lehrberuf nicht sehr förderlich sein wird. Ich muss gelassener werden und besser Zuhören. Diese Übung hat mich sogar in meinem Privatleben weiter gebracht.

7. Doppelsitzung, 2. Teil: Konfliktlösung, Classroom-Management (24.05.2014)

Diese Sitzung leiteten wir mit Schulz von Thuns „Man kann nicht nicht kommunizieren" ein. Mithilfe der zuvor für das Namensspiel gedachten Säckchen machten wir dazu eine Übung. Wir stellten uns in zwei Reihen gegenüber und warfen uns die Säckchen zu. Dabei vertauschten wir emotionale Tatsachen und sagten beispielsweise „ja" in einem bösen Tonfall oder „Super!" eher gelangweilt. Das nennt man kongruentes Kommunizieren.

Nach dieser Übung kamen wir zurück zu den in der vorangegangenen Stunde besprochenen Konfliktfällen. Eine Kommilitonin brachte einen Fall aus ihrem Privatleben zu Sprache: Den Streit mit ihr (Fußballspielerin) mit ihrer nicht wesentlich älteren Trainerin (ehemalige Spielerin und Ex-Teamkollegin von ihr). Jeder versuchte ihr Ratschläge zu geben, wie sie besser ihren Standort vermitteln kann und das Problem, dass sie beide einfach nicht vernünftig miteinander umgehen können, zu lösen. Dies nahm einige Zeit in Anspruch und verlief leider Wirkungslos, da unsere Kommilitonin schon alles erdenkliche, was wir ihr vorschlugen, bereits getan hatte. Es blieb nur eine einzige Möglichkeit: Sie soll alle Anfeindungen ihrer Trainerin schlichtweg ignorieren und nicht darauf eingehen.

Da dieser Konflikt wirklich sehr viel Zeit in Anspruch nahm, schnitten wir danach nur noch kurz das Thema „Kindeswohlgefährdung" an. Dabei ist zu beachten, dass eine kurzfristige Reaktion auch Langzeitfolgen haben sollte bzw. bei falscher Reaktion haben kann. Wir erwähnten auch den Film „Die Jagd" den ich persönlich nicht kenne, aber im Internet recherchiert habe. Dort geht es um einen Kindergärtner, der sich um die Tochter seines besten Freunden, eines seiner Kindergartenkinder, kümmert. Das Mädchen gibt ihm einen Kuss auf den Mund, woraufhin der Kindergärtner sie streng zurechtweißt. Jedoch zieht dieser Vorfall schwerwiegende Folgen für den unschuldigen Kindergärtner nach sich. Eine übereifrige Kollegin vermutet Kindermissbrauch und nun melden sich auch mehrere aufgebrachte Eltern und beschuldigen den Kindergärtner des Missbrauchs. Der Mann wird fortan nicht nur gemieden und angefeindet, sondern wird auch tätlich angegriffen. Schlussendlich gibt die Tochter seines besten Freundes ihrem Vater gegenüber zu etwas „Dummes" gesagt zu haben und der Kindergärtner versöhnt sich mit seinem besten Freund. Alles scheint wieder in Ordnung zu sein, bis einen Herbst später ein unbekannter Schütze bei einem Waldspaziergang eine Kugel auf ihn abfeuert, die ihn verfehlt.

Das kongruente Kommunizieren war gar nicht einfach. Es ist schwer „nein" freundlich und „ja" böse zu sagen. Ich muss auch zugeben, dass dies manchmal nicht gut funktioniert hat. Dennoch war die Übung witzig und eine interessante Erfahrung und gut geeignet für den Unterricht in egal welcher Klasse. Man kann dieses Spiel sowohl mit Fünft-, als auch mit Zehntklässlern spielen und ihnen so zeigen was Kommunikation auch bedeutet: Die Uneindeutigkeit.

Das Thema Kindeswohlgefährdung ist brisant und nur mit äußerstem Fingerspitzengefühl zu genießen. Der Film „Die Jagd" zeigt wie das Schneeballsystem zu einer vorschnelle Verurteilung eines unschuldigen führen kann. Als Lehrer sollte man niemals vorschnell Urteile fällen und sich auf jeden Fall mit Kollegen ausführlich beraten, wenn der Verdacht einer Kindeswohlgefährdung im Raume steht. So etwas sollte erst durch mehrere Instanzen wie Kollegium, Schülergespräch, Direktoriat und dann erst zum Jugendamt gehen. Ein Verdacht muss zu 100% sicher sein, bevor auch nur ein Wort an die Öffentlichkeit geht dringt.

8. Konflikttheorie (27.05.2014)

In dieser Sitzung versuchte die Dozentin zum ersten Mal bei der Kontrolle der Anwesenheit nicht auf unser Handheben zu achten, sondern unseren Namen Gesichter zuzuordnen. Es ist immer schon und angenehm, wenn sich ein Dozent wirklich mal die Mühe macht die Vornamen seiner Studenten zu lernen.

Nachdem wie jede Stunde das Portfolio vorgetragen wurde, kam der Einwand, dass das Vortragen zu viel Zeit in Anspruch nehme und ob das wirklich notwendig sei. Die Dozentin antwortete ganz klar, dass das Portfolio zur Vertiefung der Lernprozesse diene und es nicht verhandelbar sei die Portfolios nicht mehr vorzulesen.

Nun wurde noch kurz der Fall mit der Fußballtrainer der vorigen Doppelstunde angesprochen und die Kommilitonin gefragt, ob der Tipp mit dem ignorieren denn klappte. Sie bejahte dies, jedoch mit dem Einwand „noch".

Anschließend kamen wir zu dem Thema „Konfliktdynamik" wozu wir zu dieser Stunde ein Informationsblatt lesen sollten. Die Dozentin fragte uns, ob wir den Inhalt des Blattes in Gruppen oder im Plenum besprechen wollen. Wir entschieden uns für die Plenumvariante. Außerdem ließ sie uns entscheiden ob wir dies in der Frage-Antwort Form machen möchten oder die referieren soll. Die Gruppe entschied sich für ein Referieren ihrerseits, da so alle auf dem gleichen Stand wären, auch die die das Blatt nicht vorbereitet haben. Es sollte eine Theorie und Austauschstunde werden.

Zu den wichtigen Inhalten zählte, dass aus einem Konflikt eine Krise entstehen kann, jedoch aus einer Krise kein Konflikt. Folgende Elemente bedingen die Konfliktdynamik:

1. Wahrnehmung

Die Wahrnehmung beeinträchtigt das Denk- und Vorstellungsvermögen der Beteiligten. Komplexe Inhalte können nicht mehr analysiert werden, da die Aufmerksamkeit schwindet. Mit der selektiven Aufmerksamkeit lenkt man seine Aufmerksamkeit nur auf das momentan wichtige und man kann sich schlecht in seinem Gegenüber hineinversetzen. Bei der kognitiven Komplexitätsreduktion verfällt man in das „Schwarz-Weiß-Denken".

2. Gefühle

In einem Konflikt entwickeln sich starke Emotionen, die kaum zu kontrollieren sind. Man reagiert sehr empfindlich auf das Gesagte des Gegenübers und empfindet ihm gegenüber kaum Empathie. Beim sozialen Autismus nimmt man sich selbst zu wichtig. Die Fähigkeit sich in die Situation anderer hineinzuversetzen schwindet und man reagiert Überempfindlich auf den Gegenüber, die bisweilen zu einer Unsicherheit fühlen kann, die diesen Verhalten begünstigt.

3. Wille

Der Wille bringt einem im Konfliktverhalten dazu nur noch seine eigenen Interessen durchsetzen zu wollen und das ohne Rücksicht auf Verluste. Der Wille ist es auch, der in einem ein Mobbing Verhalten auslösen kann, egal welchen Alters der Streitende ist. Dies erklärt sich durch das simple Reiz-Reaktions-Handeln „Jetzt erst recht!" Hier entstehen Kriege und Mord.

4. Verhalten

Zum Verhalten gehören Worte, Taten und nonverbale Botschaften. Zum Verhalten in einem Konfliktverhalten gehört beispielsweise das lautere Sprechen und das Werfen mit Gegenständen.

5. Effekte

Es gibt sowohl subjektive als auch objektive Effekte in einem Konflikt. Wirkungen auf den Streitenden als Person, sowie auf jemand Außenstehenden sich bemerkbar.

Nachdem die Dozentin alle wichtigen Inhalte referiert hatte, bat sie uns mit unserem Sitznachbarn über die gehörten Inhalte zu reflektieren. Wir stellten fest, dass wir es schwer umsetzbar finden sich wirklich auf diese Theorie zu besinnen, während eines Konfliktes und waren der Meinung, dass der Text eine Definition von bereits bekannten Inhalten ist. In Folge dieser Erkenntnisse kamen wir auf das Thema „Streitschlichter". Dazu gab es viele Meinungen, einige werde ich nun beispielhaft nennen:

Person A: „Kinder und Lehrer haben die Streitschlichtung nicht ernst genommen."

Person B: „Bei uns an der Schule hat das gut funktioniert."

Person C: „Bei uns hat das auch gut funktioniert und es gab auch einen Kontrakt zwischen den Streitenden fortan höflich miteinander umzugehen."

Person D: „Bei uns gab es auch einen Beobachtungsbogen und eine Art Kartei über „Oft Streitende".

Nachdem eine anregende Diskussion daraus entstand war unser Fazit: Streitschlichter müssen Alpha-Tiere sein, weil viele Streitschlichter als Opfer betrachten.

Ich habe leider keinerlei persönliche Erfahrungen mit Streitschlichtern. Auf meinem Gymnasium gab es zwar welche, aber ich war nie in Kontakt mit ihnen. Meine ganze Klasse nicht. Deswegen kann ich mir kein Urteil darüber bilden. Ich bin aber trotzdem der Meinung meiner Kommilitonen: Streitschlichter müssen Autorität ausstrahlen. Ich glaube auch, dass die Schüler sich ungern von fast gleichaltrigen belehren lassen. Grundsätzlich halte ich das Konzept der Streitschlichtung für sinnvoll. Jedoch eher für die Streitschlichter. Sie lernen Verantwortung zu tragen und sich adäquat zu verhalten. Außerdem schenken ihnen Respektpersonen ihr Vertrauen, Probleme zu lösen die ansonsten nur die Lehrer lösen würden. Ich glaube das bringt sehr viel Selbstbewusstsein. Für die Streitenden allerdings sehe ich das Konzept eher kritisch, da ich nicht davon überzeugt bin, dass Streitschlichter wirklich ernst genommen werden.

9. Eskalation/Deeskalation nach Glasel (03.06.2014)

In der neunten Sitzung brachte die Dozentin uns eine Lektürenauswahl mit, die wir zum Vertiefungsteil unseres Portfolios nützen können. Weitere sehr praxisorientierte Bücher aus der Lehrbuchsammlung befinden sich unter in der Humanistischen Fakultät. Zudem vertraute sie uns an, dass es sie traurig gemacht hat, dass wir vorige Stunde die Streitschlichtung so runtergemacht haben, da sie hofft das wir später so ein Programm in der Schule anleiten wollen.

Anschließend fragte eine Kommilitonin etwas über die CPs in den Seminaren zu „Kommunikation und Konfliktlösung". Es ist unklar, ob man sich aussuchen kann in welchem der beiden Seminare man nun 2 und wo 4 CP machen kann, da laut Frau Disselbeck es entschieden wird und man nicht selbst entscheiden darf. Das fanden wir alle seltsam und taten das als eher unwahrscheinlich ab.

Nun begann unsere Gruppenarbeit zu dem Thema „Eskalation/Deeskalation". In Zweiergruppen bekam jeder ein Beispiel zugeteilt und sollte sich eine Beispielsituation darüber ausdenken. Wir hatten Beispiel 4:

Eskalierende Haltungen und Verhaltensweisen	Deeskalierende Haltungen und Verhaltensweisen
Keine Trennung zwischen Person und Sache	Hart in der Sache, aber weich zu den Menschen
Wieder eine 5 Lukas, die schreibst du in anderen Fächern bestimmt auch.	Oh Lukas, wieder eine 5. Der Nils neben dir hat eine 2, lernt doch nächstes Mal zusammen. Du hattest bestimmt nur einen schlechten Tag.

In der untersten Spalte steht unsere Lösung. Jemand nannte bei seiner Eskalierenden Haltung, dass ein Lehrer die Noten laut vorliest. Dadurch kam es zu einer Diskussion in unserer Gruppe. Eine Partei vertrat die Meinung, dass es nichts Schlimmes sei die Noten laut vorzulesen, da die Schüler die Noten eh laut rumposaunen nachdem sie die Klausuren zurückerhalten haben oder man ihnen draußen die Noten sagt. Eine andere Partei vertrat die Meinung, dass man sowas nicht machen darf. Sie würde das nie machen, da man den Namen eines Schülers mit der Note nicht in einem Atemzug nennen soll. Eine weitere Partei meinte, dass sie es immer besonders schlimm fand, wenn die Lehrer die Klausuren nach Noten sortiert zurückgegeben haben. Da ist man wenn man nicht direkt am Anfang dran kam vor Aufregung fast gestorben. Dieses Thema schloss sich dadurch ab, dass halt jeder seine Meinung zu dem Thema hat und auch bei seiner Meinung bleibt.

Die Dozentin berichtete uns nun von der Erfahrung einer Studentin zu dem Thema Schüler mit Migrationshintergrund: Wenn man positiv spricht, wird negatives nicht so wahrgenommen. Außerdem gab sie uns den Tipp „aber" durch „und" zu ersetzen, da „aber" ein forderndes Wort ist und man durch seine Nutzung im Kampf bleibt.

Im Folgenden besprachen wir das Thema „Gewalt in der Schule". Sollte man eingreifen wenn Schüler A Schüler B in der Schule an die Wand drückt?

Meinung A: „Was nützt eingreifen? Dann wird Schüler A halt nach der Schule geschlagen."

Meinung B: „Es gibt eine Null-Toleranz-Grenze. Es muss Konsequenzen geben wenn ein Schüler einen anderen schlägt."

Meinung C: „Reden bringt nichts. Da müssen schon härtere Strafen für den Schläger her, wie beispielsweise ein Gefängnisbesuch zur Abschreckung."

Ich fand das Thema Eskalation/Deeskalation sehr interessant. Ich bin mir sicher, dass ich das Informationsblatt dazu später in meinem Job häufig zur Hand nehmen werde, vor allem vor der Rückgabe der Klausuren und auch vor Elterngesprächen. Ich glaube das Blatt ist vielseitig nutzbar.

Was Gewalt in der Schule angeht bin ich auch der Meinung, dass man so ein Verhalten keinesfalls tolerieren oder ignorieren darf. Schläger müssen scharf zurechtgewiesen werden, wenn nötig sogar mit Schulverweis. Ein sofortiges Eingreifen der Lehrperson ist selbstverständlich, unabhängig vom Geschlecht.

10. Transaktionsanalyse (10.06.2014)

In der Sitzung zur „Transaktionsanalyse" ging es um professionelles beraten nach Stefanie Schnebel. Der Text war folgendermaßen gegliedert:

Hinweise für schwierige Beratungsthemen

- Positives in Erinnerung rufen
- Kritik situativ formulieren
- Interesse an der Person zeigen
- Zukünftiges steht im Mittelpunkt

- Das Problem bleibt die gemeinsame Sache

Strukturelle Merkmale

- Wer ist wofür Experte?
- Wer ist wofür zuständig?
- Wer kann was autonom entscheiden?

Wer ist wofür Experte?

Lehrer und Eltern nehmen das Kind unterschiedlich wahr, da sie es in verschiedenen Kontexten kennen. Das Kind verhält sich Zuhause anders als in der Schule und erzählt den Eltern andere Dinge, als ihrem Lehrer, weshalb Lehrer und Eltern ihre Informationen auf unterschiedliche Weise interpretieren

Sich wechselseitig informieren

Da beide Parteien (Eltern und Lehrer) mit der Haltung das Kind zu kennen und über seine Situation Bescheid zu wissen ins Gespräch gehen und klare Vorstellungen haben mit der Gesprächssituation umzugehen ist es unvermeidlich, dass Eltern und Lehrer in ihren Annahmen nicht übereinkommen. Im Gesprächsverlauf entsteht ein Machtkampf, da jeder Recht haben will. Dadurch wird der Grund des Gesprächs für das Kind stark beeinträchtigt.

Hilfreiche Haltungen der Lehrkraft

- Anerkennen, dass Eltern Experten für die Erziehung des Kindes sind
- Offen sein für Sichtweisen der Eltern
- Eigene Kompetenzen und das eigene Expertentum realistisch einschätzen und vertreten

Expertentum und Kompetenzen von Lehrer/innen und Eltern

Lehrerinnen und Lehrer sind Experten für	Eltern sind Experten für
Profis für pädagogische und didaktische Maßnahmen, welche die schulische Entwicklung des Kindes im Lernen und Verhalten beeinflussen	Natürliche Erziehungspersonen, (meist) keine Profis für schulische Lernprozesse

Verantwortung wird zugeschoben

Eltern vs. Lehrkraft

18

Eltern	Lehrkraft
Ich weiß Bescheid und habe Recht	Ich weiß Bescheid und habe Recht

Du bist Schuld, Du trägst die Verantwortung

Ich kenne die Lösung	Ich kenne die Lösung

Du musst dich ändern

Ich weiß nicht weiter	Ich kenne die Lösung nicht

Du musst es richten

Transaktionsanalyse

Gesprächspartner im Eltern-Ich → Eskalation

Kind-Ich-Position → Frustration und Enttäuschung

Lösung: Erwachsenen-Ich-Position

Konsequente Erwachsenen-Ich-Position

Eigenverantwortung der Eltern ernst nehmen, ihnen die Entscheidung über ihre Lebensführung lassen, akzeptieren wie sie ihr Kind erziehen. Dies müssen umgekehrt auch die Eltern vom Lehrer akzeptieren.

Widerstand gegen Ratschläge

Widerstände sollen nicht als zu beseitigendes Hindernis angesehen werden, sondern als Botschaft. Ungünstige Faktoren:

- Zeitnot
- Zu wenig Einbeziehung der Kontextfaktoren
- Reparaturdienstverhalten
- Einseitige Schwerpunktbildung
- Zu viel Steuerung und Intervention

<u>Nur bedingte Freiwilligkeit</u>

- Lehrer sollten versuchen Eltern zu überzeugen und sie nicht überreden oder entmündigen
- Lehrer sollten den Eltern ein ausreichend Informationen geben ohne zu belehren
- Eltern Möglichkeit geben ihre Sichtweise zu äußern
- Eltern sollen Wünsche, Ziele und Erwartungen bezüglich der Veränderungen vortragen können
- Lehrkraft sollte nicht vorschnell eine Lösung präsentieren, sondern Eltern die Möglichkeit geben sich selbst Gedanken darüber zu machen
- Lehrkraft sollte nicht an einer bestimmten Lösung für das Kind festhalten → löst Abwehr aus

Zu den gerade aufgeführten Inhalten sollte nun die Fishbowl Methode angewandt werden. Alle die den Text gelesen haben (1/3) setzten sich in die Mitte. Der Außenkreis sollte Zuhören. Ein leerer Stuhl im Mittelkreis stand jeden vom Außenkreis zur Verfügung, der Fragen hatte. Wer sich umgesetzt hatte und seine Frage oder Anmerkung im Mittelkreis kundgetan hatte, setzte sich zurück in den Außenkreis, um einem anderen die Möglichkeit zu bieten auf dem Stuhl Platz zu nehmen.

Anschließend sollten wir uns nun in Dreiergruppen aufteilen, wo einer die Rolle des Lehrers, einer die Rolle des Elternteils und einer die Rolle des Beobachters übernehmen sollte. Aufgabe war es, den Lehrer absichtlich in eine unangenehme Situation zu bringen. Ich war in dieser Gruppe die Lehrperson und wurde von einem aufgebrachten Elternteil fast schon beschimpft. Ich wusste überhaupt nicht wie ich reagieren soll, da ich noch nie in so einer Situation war. Ich hatte lediglich die Informationen vom „Professionell beraten"-Blatt, die ich gerade zuvor in der Fishbowl-Rund erfahren hatte. Deswegen reagierte ich zwar gelassen, aber eher hochnäsig und ließ mir keinen Schuh anziehen. Ich reagierte also auf der Kind-Ich-Ebene. Die gerade aufgenommenen Informationen vom Blatt hatte ich noch gar nicht in meinem Gedächtnis gespeichert, weswegen diese Übung für mich sehr unangenehm war, da ich einfach machtlos war durch Unwissenheit. Vielleicht war aber auch genau das das Gute an der Sache. Mir war die Übung so unangenehm, dass ich mich intensiver mit dem Thema auseinandergesetzt habe. Ich will nie wieder in so eine unangenehme Gesprächssituation kommen, an der ich mich am Ende noch beschimpfen lassen muss, weil ich falsch reagiert habe. Ich nehme aus der Übung mit, dass ich definitiv mein Gesprächsverhalten in einem Eltern-Lehrer Gespräch verbessern muss, da ich so wie ich momentan reagiere nicht zu einem positiven Ergebnis kommen werde.

Die Fishbowl-Methode hat mir persönlich nicht sehr gefallen. Bei uns ist das Thema wieder sehr ausgeatet und niemand hat sich wirklich getraut den freien Stuhl zu nutzen. Zwar ist es gut eine Methode auf freiwilliger Basis anzubieten, wie es hier der Fall war, aber ich glaube mir Schülern wäre das schwer umsetzbar. Am Ende würde sich niemand trauen den freien Stuhl zu nutzen und die Methode würde fehlschlagen.

11. Lösungsorientierte Gesprächsführung (24.06.2014)

In dieser Stunde ging es um die „Lösungsorientierte Gesprächsführung". Dazu bekamen wir ein Blatt mit dem Titel „Professionell beraten" von Stefanie Schnebel. Darauf fanden wir ein Idealmodell zum Gesprächsverlauf:

1. Begrüßung, Kontakt
2. Eröffnung, Information über Struktur und Verlauf
3. Problem verstehen
4. Problemsicht erweitern
5. Ausnahmen vom Problem, Ressourcen erfragen
6. Ziele definieren
7. Lösungen konstituieren
8. Kontrakt, Vereinbarungen, Aufgaben

(Hennig/Ehinger)

Außerdem noch eine Darstellung von Gesprächsführungselementen:

1. Schritt   2. Schritt

Verstehen	Leiten
Aufmerksam zuhören	Strukturieren
Fragen	Lösungsvorschläge sammeln
Gedanken wiedergeben	Stellung nehmen
Gefühle wiedergeben	Beziehung klären

(Redlich)

Auf dieser Grundlage schauten wir uns eine DVD zum Thema „Elterngespräch" an. Mit fiel folgendes am Verhalten des Lehrers auf:

- Sagte nur „Herein", keine richtige Begrüßung des Elternteils, nicht aufgestanden
- Erwiderte nur „aha" bei Vorwürfen → Desinteresse

- Meinte: „ Die anderen Kinder lernen es ja auch."
- Weist alle Schuld von sich
- In anderen Fächern sein der Junge ja auch nicht gut
- Der Schüler hat es „nicht so drauf"
- Behauptet: „Daheim hat der Schüler massiv Druck."
- Beendet das Gespräch, da es im Kreis verläuft

Im Anschluss teilten wir uns in Dreiergruppen ein und überlegten uns Verbesserungsvorschläge. Wir dachten daran, dass der Lehrer an eine Nachhilfestelle verweisen könnte und sich eine Zweite Meinung über die Probleme des Schülers von einem Kollegen einholen kann.

Musterlösung:

- Aufstehen bei der Begrüßung
- Ausreden lassen
- Auf das Elternteil eingehen
- Verhalten des Schülers in Schule/Zuhause ungleich
- Zugeben, wenn eine Äußerung einen trifft
- Sagen, dass es durch Vergleiche mit anderen Schülern hart ist besser zu bewerten
- Fragen was der Vater/die Mutter sich vorstellt → Ziele
- Fragen: Was wäre für Sie, wenn Benjamin nicht auf das Gymnasium käme?
- Verständnis zeigen
- Bedürfnisse erklären lassen
- Ruhig reden
- Fragen ob der Schüler auch früher so angespannt war
- Zustimmung vom Elternteil fordern/provozieren
- Raten Druck rauszunehmen → Hier: Thema Gymnasium gegenüber vom Kind nicht mehr so oft erwähnen
- Miteinander schaffen → gemeinsamer Weg

Für mich war diese Stunde, die in der ich am meisten gelernt habe. Endlich kam ein praxisbezogenes Beispiel, welchen aus noch durch eine DVD anschaulich dargestellt wurde. Außerdem gab es eine eskalierende und eine deeskalierende Lösung. Diese DVD ist das wovon wir später in unserem Beruf am meisten profitieren können. Sie ist so praxisnah, dass wir sie genau anwenden können und wenn wir die Tipps der Musterlösung beherzigen, sind wir optimal auf ein Elterngespräch vorbereitet. Diese Stunde nahm mir so viel Nervosität, die ich bisher immer hatte. Für mich gibt es nichts schlimmeres, als schlecht vorbereitet zu sein. Da wir in der vorigen Stunde auch schon ein Elterngespräch simuliert hatte, in dem ich komplett sprachlos war, hat mich diese Stunde sehr erleichtert. Nun fühle ich mich optimal auf ein Lehrer-Eltern-Gespräch vorbereitet.

12. Gewaltfreie Kommunikation nach Rosenberg (01.07.2014)

Diese Sitzung begann mit dem Experiment „Schweigefuchs". Noch bevor die Anwesenheit kontrolliert wurde, hob die Dozentin die Hand. Ohne ersichtlichen Grund. Nach und nach hoben wir alle unsere Hand und es wurde still. Das Experiment war geglückt.

Nun sprach die Dozentin noch kurz an, dass das Duzen zur Ritualpraktik der Inklusion gehörte. Dazu sollten wir uns eine Meinung bilden: Ich bin strikt gegen das Duzen eines Lehrers. Das „Sie" steht für Distanz und Respekt und das sollte zu einer Lehrperson gehören. Da es in der deutschen Sprache das „Sie" und „Du" als Unterscheidung gibt, will ich nicht darauf verzichten. Ich würde mich sehr unwohl fühlen, wenn meine Schüler mich mit „Du" und Vornamen ansprechen. Im Kollegium wäre das in Ordnung, aber die Schüler sollten schon eine klare Grenze zwischen Freunden und Familie, die sie Duzen, und dem Lehrer und Fremden, die sie Siezen, ziehen. Ansonsten stelle ich mir die Distanzwahrung schwer vor, da gerade jüngere Schüler in dem Lehrer einen Eltern-Ersatz sehen können. In meinem Eignungspraktikum war das schon schwierig. In einer sechsten Klasse hatte ein Mädchen seine Mutter verloren und projizierte nun ihre Mutter auf die Klassenlehrerin, selbst noch eine junge Frau, gerade aus dem Referendariat. Würde man in so einer Situation zusätzlich noch den Lehrer duzen wäre das Mädchen völlig überfordert und noch anhänglicher, als ohnehin.

Im Zentrum dieser Stunde stand die „Gewaltfreie Kommunikation" nach Marshall Rosenberg. Eine Kommilitonin, die mehr als zwei Fehlstunden hatte hielt zu Beginn ein kurzes Referat über ihn, in der sie einen kurzen Einblick in Rosenbergs Biographie, auf die Ursache weshalb er sich der gewaltfreien Kommunikation widmete und die Wolfssprache und Giraffensprache gab: Rosenberg ist geprüfter Psychologe und selbst in einem Problembezirk der USA aufgewachsen, weshalb es ihm als Kind schon ein Anliegen war die Kommunikation gewaltfrei zu gestalten. Dazu erfand er das Konzept der „Gewaltfreien Kommunikation", angelehnt an Rogers und Gandhi. Meist sprechen wir in der provokanten Wolfssprach, wohingegen die Lösung in der Giraffensprache liegt. Die Giraffe ist das Tier mit dem größten Herzen und ein durchweg aggressionsloses Tier, da es keine natürlichen Futterfeinde hat. Nur bei den Männchen sind in seltenen Fällen Kämpfe möglich. Vier Elemente bedingen die gewaltfreie Kommunikation:

1. Beobachtung
2. Gefühl
3. Bedürfnis
4. Bitte

Im Folgenden ein kurzes Beispiel dazu:

https://de.wikipedia.org/wiki/Gewaltfreie_Kommunikation

Laut Rosenberg muss man sich immer fragen welche Bedürfnisse hinter den Aussagen stehen. Außerdem soll man spezifisch formulieren. Nicht nur: „Sei ruhig!" sondern: „Schließt den Mund und konzentriert euch auf das was ich sage." Man soll immer ein „stattdessen" anbieten. Hier: Was sollen die Kinder machen anstatt zu quatschen?

Das Experiment mit dem Schweigefuchs war mir bereits bekannt. Ich möchte das schon als Schülerin und auch in meinem späteren Orientierungspraktikum ist mir etwas Ähnliches begegnet. Meine Praktikumsmentorin nutze immer eine kleine Glocke und schwang sie leicht, wenn die Schüler zu laut waren. Sofort kehrte Ruhe ein. In meinem nächsten Praktikum werde ich diese Methode selber mal anwenden.

Zu der Theorie von Marshall Rosenberg muss ich erstmal sagen: Die Theorie an sich gefällt mir. Jedoch finde ich die Umsetzung der Theorie etwas weltfremd und praxisfern. Man muss sich schon vollkommen darauf einlassen und sich damit identifizieren, um die „Gewaltfreie Kommunikation" effektiv anwenden zu können. Ich identifiziere mich leider nicht damit. Es ist schön und bereichernd davon gehört zu haben, aber für mich habe ich entschieden nicht weiter darauf einzulassen.oder ist essay schon ok

13. Kollegiale Beratung, Formalia Portfolio (08.07.2014/Fehltermin)

Zu dieser Stunde habe ich leider keinerlei eigene Notizen, weshalb ich im Internet zu kollegialer Beratung recherchieren werde.

Kollegiale Beratung meint Beratung mit Kollegen, die nicht in Form eines „Tür und Angel"-Gesprächs stattfindet. Es geht meist um praxisbezogene Fälle, die nicht nur zu zweit, sondern möglichst im Team besprochen werden. Es gibt einen Moderator, der die Teamsitzung anleitet und die anderen Mitglieder aktiviert. Der Moderator ist ebenfalls ein Kollege, niemand kommt von außen in die Gruppe. Die anderen Mitglieder haben keine festen Rollen. Bei der kollegialen Beratung gibt es vier Bedingungen an die man sich halten muss:

1. Autonomie
2. Reflexivität
3. Kommunikation
4. Rationalität

Folgendermaßen gegliedert läuft ein kollegiales Beratungsgespräch idealtypisch ab:

- ... Verabredungen ... Organisation, Struktur des Gesprächs und Zeitrahmen ...
- ... was ich zuerst einmal sagen möchte ...
- ganz spontan fällt mir ein, ...
- zur Klasse möchte ich noch anmerken, ...
- zum didaktisch-methodischen Konzept der Stunde möchte ich
- noch erläutern, ...
- ... also, das hat mir ganz besonders gefallen ...
- ... das sind die Themen, über die ich gerne sprechen würde ...
- ... das sind meine Themen, über die ich jetzt sprechen möchte ...
- ... kollegiale Beratung ...
- ... und wie geht es weiter ... was ich gerne möchte ...
- ... und wie geht es weiter ... welche Unterstützung benötige ich vom Kollegium und der Schulleitung ...
- ... die weitere Arbeit ... Unterstützungsmöglichkeiten aus meiner Sicht ...
- ... Protokoll über die Zielvereinbarungen – ja oder nein ? ...
- ... und wie war's ... Metakommunikation

Kollegiale Beratung bedeutet also einen organisierten Austausch von Fachkräften über ein Problem, welches es Kollege äußert. Man trägt Ideen und Vorschläge zusammen, um an Ende eine Lösung zu finden.

Gemeinsames beraten in Form einer „Kollegialen Beratung" finde ich sehr gut. Bisher habe ich nie von dieser Methode gehört, obwohl ich schon alle drei Pflichtpraktika absolviert habe. Das wundert mich ehrlich gesagt, weil es doch sehr sinnvoll klingt. Wer könnte besser schulische Probleme lösen als ein „Rat der Lehrer"? Keiner. Für mich nehme ich aus dieser Methode mit, dass ich auf jeden Fall eine kollegiale Beratung wünschenswert finde, da viele Meinungen oft zu einem sinnvollen Ergebnis kommen. Man fühlt sich selbst auch nicht allein gelassen, sondern kann seine Ideen und Meinungen mit Kollegen abgleichen. Eine wirklich tolle Methode.

Gegen Ende der Sitzung, teilte uns die Dozentin ein Blatt aus mit den Formalia zum Portfolio. Darauf stand genau, was sie von uns für 4 CP verlangt, was ihre Kriterien zur Beurteilung unseres Portfolios sind und wie genau die Portfolios gestaltet werden sollen. Das

Blatt war sehr transparent, da es sogar die Kriterien der Dozentin beinhaltet. Ich finde gut, dass unsere Dozentin bis zum Ende des Seminar so offen zu uns geblieben ist.

14. Processing (15.07.2014)

In unserer letzten Sitzung ging es um die Evaluation des Seminares. Neben einigen kurzen Fragen zu Portfolio wurde noch eine Fallberatung zum Thema der vorigen Stunde in der Mitte vorgeführt. Außerdem besprachen wir nochmal die Gliederung der einzelnen Sitzungen und nannten ihre Überschriften, die auch hier in meinem Portfolio wiederzufinden sind. Dies machten wir damit wir alle Sitzungen noch einmal in unseren Köpfen präsent haben, um dann im Anschluss ein Murmelspiel zu spielen. Wieder kamen die Bambusstöcke aus der Soziometrie-Übung zum Einsatz und wurden in der Mitte in Sternenform ausgebreitet:

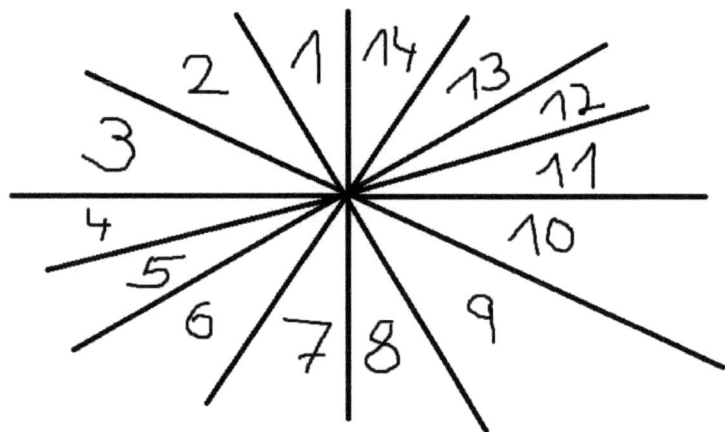

Die Zahlen stehen jeweils für die Sitzungen. Jeder durfte nun seine fünf Murmeln auf die Zahl verteilen, die der Sitzung entspricht die wir am einprägsamsten fand. Die meisten Murmeln lagen am Ende auf der 11 = Lösungsorientierte Gesprächsführung. Auch mir gefiel diese Stunde mit Abstand am besten, wie ich auch schon in Eintrag 11 erwähnt habe. Ich selbst legte drei meiner fünf Murmeln auf die 11. Die anderen beiden legte ich auf Sitzung 9 = Eskalation/Deeskalation nach Glasel. Das waren beides die Sitzungen aus denen ich am meisten mitgenommen haben, durch ihre für mich hohe Wichtigkeit und Praxisnähe. Für mich sind diese beiden Sitzungen unverzichtbares Handwerkszeug für meinen späteren Beruf.

Am Ende der Stunde füllten wir alle abschließend ein Rückmeldeblatt aus, wodurch die Dozentin eine Rückmeldung zu ihrem Seminar bekam. Diese Methode haben wir auch oft in der Schule angewandt. Als Schüler fand ich das lästig, aber als angehende Lehrerin finde ich, dass man nie genug Rückmeldungen zu seinem Unterricht bekommen kann, da man daran wachsen kann oder sich bestätigt fühlt. Je nach Lob und/oder Kritik.

15. Fazit

Zusammenfassen kann ich sagen, dass ich aus dem Seminar „Kommunikation und Konfliktlösung" viele Methoden mitnehmen kann, die ich in meinem späteren Berufsleben wirklich brauche. Ich fühle mich nun viel besser auf meinen zukünftigen Beruf vorbereitet und habe Dinge gelernt über die ich mir bisher keine Gedanken gemacht habe. Ich achte jetzt viel genauer auf meine Kommunikation und versuche auch im Privatleben bereits die Konflikttheorien anzuwenden und das mit Erfolg. Dieses Seminar hat meine Erwartungen nicht nur erfüllt, sondern übertroffen, da ich wirklich besorgt war nur selten etwas wirklich sinnvolles zu lernen. Dabei war jede Sitzung hilfreich und ich war niemals enttäuscht.

16. Literaturverzeichnis

http://de.wikipedia.org/wiki/Die_Jagd_(2012)

http://de.wikipedia.org/wiki/Gewaltfreie_Kommunikation

http://de.wikipedia.org/wiki/Gewaltfreie_Kommunikation#Grundmodell_der_GFK

http://www.shnetz.de/klawe/archiv/Evaluation/Kollegiale_Beratung.pdf

http://www.kollegiale-beratung.de/Ebene1/methode.html

https://www.friedrich-verlag.de/data/9295E8D6A21D4331943C1B1D9A2D4686.0.pdf